Matjes

Die köstlichsten Rezepte mit dem jungfräulichen Hering

Fotografiert von Günter Pump

Husum

Der Matjes

Die zarteste Versuchung unter den Heringen

Der Hering wird heute als Delikatesse und gesundes Nahrungsmittel hoch geschätzt und hat seinen Ruf als Arme-Leute-Essen längst verloren. Das „Silber der Meere“ gibt es in unzähligen Varianten: mariniert als Rollmops oder Bismarckhering, gebraten, geräuchert oder gesalzen. Eine besonders schmackhafte und wertvolle Form des gesalzenen Herings ist der berühmte Matjes. Sein Fleisch ist zarter als das anderer Heringe und der Geschmack mild-aromatisch. Doch was genau macht einen Hering zum Matjes? Zunächst einmal: Nicht jeder Hering, der gefangen wird, kann auch ein echter Matjes werden. Nur die im Frühsommer, von Mitte Mai bis Ende Juni, gefangenen Fische können zu Matjes verarbeitet werden. Dann haben sich die Heringe nach der eher mageren Winterzeit wieder das Fett angefressen, das sie für die Fortpflanzung im Sommer benötigen. Deshalb haben sie auch nur zu diesem Zeitpunkt den für Matjes erforderlichen hohen Gehalt an Fett, das wertvolle Omega-3-Fettsäuren enthält. Sie zeigen jetzt noch keinen Ansatz von Milch oder Rogen, weshalb sie auch gern als „jungfräuliche“ Heringe bezeichnet werden.

Gleich nach dem Fang werden die Fische gekehlt und ausgenommen, doch verbleibt die Bauchspeicheldrüse im Fisch, denn deren Enzyme spielen eine wichtige Rolle für die Reifung des Matjes. Im Gegensatz zum einfachen Salzhering werden Matjes nur leicht gesalzen und entwickeln so ihr mildes Aroma. Erst nach Beendigung des Reifeprozesses werden die Fische filetiert. Durch den niedrigen Salzanteil sind Matjesheringe nicht unbegrenzt haltbar, weshalb sie lange Zeit auch nur im Frühsommer zu bekommen waren. Erst die Tiefkühlung machte es möglich, diese Delikatesse das ganze Jahr über anzubieten. Die Konservierungsmethode an sich ist jedoch alt. Sie wurde bereits im Mittelalter in Flandern entdeckt, angeblich von einem gewissen Wilhelm Beukelzoon aus Biervliet, der den Kehlschnitt erfand, bei dem der Fisch unter den Kiemen aufgeschnitten und die Eingeweide entfernt werden. Dass Beukelzoon dabei die Bauchspeicheldrüse nicht entfernte, könnte ein Versehen gewesen sein.

Im Laufe der Zeit haben sich verschiedene Matjesvarianten etabliert. Aus Holland kommt auch heute noch der handverarbeitete Matjes erster Qualität mit sehr hohem Fett- und niedrigem Salzgehalt, der als Doppelfilets angeboten wird. Der industriell verarbeitete Matjes ist meist stärker gesalzen und daher länger haltbar. Wem dieser Matjes zu salzig ist, der kann ihn vor dem Verzehr wässern oder in Milch oder Buttermilch einlegen, wodurch der Geschmack milder wird. Grundsätzlich sollte Matjes eine helle Farbe – auf der Innenseite auch rosé – und keinen ausgeprägten Fischgeruch haben sowie eine cremig-zarte Konsistenz.

Dank seines milden Aromas kann der Matjes mit vielen Gemüsen, Soßen und Beilagen kombiniert werden. Der Kreativität in der Zubereitung sind daher kaum Grenzen gesetzt. Viele erprobte Rezeptideen finden Sie auf den folgenden Seiten – lassen Sie sich inspirieren!

Joghurtkaltschale mit Matjes

500 g Salatgurke, Salz, 400 g Vollmilchjoghurt, Pfeffer, 100 g Fetakäse, 4 Matjesfilets in Öl (je ca. 60 g), 3 EL Dillspitzen.

Die Gurke längs halbieren, entkernen und kleine Kugeln aus dem Fruchtfleisch ausstechen oder Gurke schälen, entkernen und würfeln. Salzen und auf einem Sieb 10 Minuten abtropfen lassen.
Joghurt cremig rühren, Gurke und einen Teil des gehackten Dills unterheben, salzen und pfeffern und 30 Minuten im Kühlschrank durchziehen lassen.
Feta fein zerbröckeln und unter die Joghurtcreme heben. Auf vier Tellern verteilen. Die Matjesfilets trocken tupfen, in mundgerechte Stücke schneiden und darauf anrichten. Mit Dill und grob gemahlenem schwarzem Pfeffer bestreuen.

Gemüsestreifen-Suppe

250 g Wirsingkohl, 1 Bund Suppengrün, 800 ml Gemüsefond (Glas), Salz, Pfeffer, 1 EL Zitronensaft, 200 g Rote Bete (Glas), 4 Matjesfilets, 200 g Schmand, 1 EL Meerrettich aus dem Glas, einige Zweige Dill.

Den Wirsingkohl und das Suppengrün putzen und in sehr feine Streifen schneiden. Gemüsefond zum Kochen bringen und Gemüsestreifen darin 5 Minuten garen. Dann in ein Sieb gießen, den Fond auffangen, mit Zitronensaft, Salz und Pfeffer abschmecken und kalt stellen. Die Rote Bete in feine, die Matjes in breite Streifen schneiden. Schmand mit Salz, Pfeffer und Meerrettich verrühren.
Die kalte Suppe mit Gemüsestreifen, Roter Bete und Matjes auf Tellern anrichten.
Mit Schmand und Dill servieren.

Küsten-Teller

300 g fest kochende Kartoffeln, 300 g Möhren, Salz, 300 g säuerlicher Apfel, 2 Gewürzgurken, 300 g eingelegte Rote Bete, 4 Matjesfilets, 1 rote Zwiebel, 2 EL Weinessig, 2 EL Sonnenblumenöl, weißer Pfeffer aus der Mühle, 200 g Schlagsahne, 1 Bund Dill, 2 hart gekochte Eier.

Kartoffeln kochen, pellen und erkalten lassen. Möhren schälen, in Salzwasser kochen, abkühlen lassen. Äpfel schälen, vierteln und entkernen. Kartoffeln, Möhren, Äpfel, Gurken, Rote Bete und Matjesfilets in etwa 1 Zentimeter große Würfel schneiden. Zwiebel pellen und fein würfeln. Alles in eine Schüssel geben, 4 EL Rote-Bete-Saft aus dem Glas, Essig und Öl dazugeben, herzhaft pfeffern und gründlich mischen. Zugedeckt mindestens über Nacht kühl stellen und durchziehen lassen.
Vor dem Servieren die Sahne halb steif schlagen, 2–3 EL Rote-Bete-Saft unterrühren, damit sie sich rosa färbt. Die Hälfte des Dills fein schneiden. Mit der Rote-Bete-Sahne mischen und abschmecken. In eine kleine Schüssel füllen und zum Salat reichen. Die Eier in Scheiben schneiden. Salat in eine Servierschüssel füllen, mit Eischeiben belegen und mit dem restlichen Dill garnieren.

Dazu ein kräftiges Bauernbrot servieren.

Gebratener Matjes

4 Matjesfilets, 3 EL Speisestärke, 2 EL Paniermehl, 1 EL Currypulver, Butterschmalz.
1 reife Birne, 5 Radieschen, $^1/_2$ Bund Dill,
2 EL saure Sahne, 2 EL Crème fraîche, Salz,
Pfeffer, 1 TL Kräuteressig.

Speisestärke, Paniermehl und Currypulver vermischen. Matjesfilets darin von der Hautseite panieren und in einer Pfanne auf der panierten Seite mit wenig Butterschmalz anbraten.
Birne schälen, das Kerngehäuse entfernen, in kleine Würfel schneiden. Radieschen waschen und in feine Scheiben schneiden. Dill waschen und abtropfen lassen. Ein wenig für die Dekoration beiseitelegen, den Rest fein hacken. Die Sahne mit Crème fraîche verrühren, mit Salz, Pfeffer und Kräuteressig abschmecken.
Etwa 1 EL gehackten Dill unter die Sahnemischung rühren und ziehen lassen.
Matjesfilets, Birnen, Radieschen und Sahnemischung auf Tellern anrichten und mit etwas Dill garnieren.

Roter Salat

8–10 Matjes, 1 Glas Rote Bete, 4 saure Gurken, 1 Apfel (Boskop), 2 Zwiebeln, 1 kl. Glas Kapern, 1 Glas Mayonnaise, 1 Becher Joghurt, 5 EL Essig, $^1/_2$ EL Zucker.

Die Matjes etwa 30 Minuten in Milch einlegen. Dann die Filets, Rote Bete, Gurken, Zwiebeln und den Apfel in Würfel schneiden und miteinander vermischen. Danach den Essig, Zucker und Kapern hinzugeben und durchmengen (eine Nacht ziehen lassen). Am nächsten Tag die gebildete Flüssigkeit abgießen. Anschließend die Mayonnaise mit Joghurt verrühren, dazugeben und anrichten.

Schmeckt sehr gut auf einem kräftigen Schwarzbrot. Um ein Hauptgericht zu erhalten, fügt man dem Salat etwa 750 g gewürfelte Pellkartoffeln hinzu und serviert ihn mit heißen Würstchen.

Salat mit Wacholdersahne

1 Bund Lauchzwiebeln, 2 säuerliche, rotschalige Äpfel, einige Wacholderbeeren, 2 EL Öl, $^{1}/_{4}$ TL Zucker, 100 ml Apfelsaft, 6 Matjesfilets (je 60 g), 100 g Crème fraîche, 100 g Joghurt, weißer Pfeffer.

Die Lauchzwiebeln putzen, waschen und gut abtropfen lassen. In 2 cm große Stücke schneiden. Äpfel waschen und trockentupfen, dann vierteln, entkernen und in nicht zu dünne Spalten teilen.

Wacholderbeeren mit dem Boden eines schweren Topfes oder im Mörser zerdrücken und in einem Topf ohne Fett bei mittlerer Hitze 1 Minute anrösten. Öl zugeben und die Äpfel mit dem Zucker etwa 1 Minute darin andünsten. Mit Apfelsaft ablöschen, einmal kräftig aufkochen, dann abkühlen lassen.

Matjesfilets kurz mit kaltem Wasser abbrausen und schräg in mundgerechte Stücke schneiden. Crème fraîche und Joghurt verrühren, Matjesstreifen mit der Apfel-Mischung und den Lauchzwiebeln vermengen. Sahne-Joghurt-Soße unterrühren, alles mit Pfeffer pikant abschmecken.

Den Salat zugedeckt im Kühlschrank 3–4 Stunden durchziehen lassen.

Dazu passen besonders gut Pellkartoffeln.

Cocktail

6 Matjesfilets, 1 kleiner Kopf Friséesalat, 1 Zwiebel, 1 Bund Schnittlauch, 6–7 Radieschen, 2 Essiggurken, 1 Apfel, 150 g Joghurt, 80 g Mayonnaise, 1 EL Zitronensaft, 1 TL Meerrettich (Glas), Salz, Pfeffer, 1 Prise Zucker.

Matjesfilets je nach Sorte eventuell zum Entsalzen etwa 10 Minuten wässern.
Salat putzen, waschen und trocken schleudern. Zwiebel abziehen und klein würfeln. Den Schnittlauch waschen, in kleine Röllchen schneiden. Die Radieschen putzen, waschen, Radieschen und Essiggurken in Scheiben schneiden. Apfel waschen, vierteln, entkernen und in kleine Spalten schneiden.
Alles mit Joghurt, Mayonnaise, Schnittlauch, Zitronensaft und Meerrettich vermischen und abschmecken.
Die Matjesfilets abbrausen, trocken tupfen, in mundgerechte Stücke schneiden.
Vier Gläser mit Salatblättern auslegen und die Joghurtcreme zusammen mit dem Matjes darin anrichten.

Pikanter Imbiss

1 Zwiebel, $^1/_2$ l Wasser, $^1/_8$ l Essig, 2 EL Zucker, 4 Wacholderbeeren, 8 Matjesfilets (je 50 g), 1 unbehandelte Orange, $^1/_8$ l Sahne, 1 Schalotte, 2 TL mittelscharfer Senf, 1 TL scharfer Senf.

Die Zwiebel schälen, in Ringe schneiden und mit dem Wasser, dem Essig, dem Zucker und den Wacholderbeeren aufkochen, dann wieder abkühlen lassen.
Die Matjesfilets in Stücke schneiden, mit der Marinade begießen und darin zugedeckt 24 Stunden kühl stellen.
Die Marinierflüssigkeit abgießen. Die Orange waschen und trocknen, Schale mit einem Zestenreißer fein abteilen. Die restliche Schale mit der weißen Haut abschneiden. Die Orange in Scheiben schneiden und diese vierteln.
Matjesstücke mit den Zwiebelringen und den Orangenscheiben mischen. 1 TL Orangenschalenstreifen drüberstreuen.
Die Sahne steif schlagen. Die Schalotte schälen, fein reiben und mit dem Senf unter die Sahne ziehen. Die Senfsahne zu den Matjesfilets reichen.

Matjessalat

6 Matjesfilets, 2 mittelgroße Zwiebeln,
6–8 Gewürzgurken,
1 Glas eingelegte Paprikastreifen, Pfeffer.

Die Matjesfilets in mundgerechte Stücke schneiden, Zwiebeln und Gewürzgurken in kleine Würfel schneiden. Die Paprikastreifen je nach Größe vielleicht etwas kleiner schneiden und mit Pfeffer aus der Mühle würzen.

Dazu schmeckt ein kräftiges Schwarzbrot mit Butter oder neue Pellkartoffeln.

Cocktail mit Knollensellerie

4 Matjesfilets, 150 g gekochter Knollensellerie, 1 saurer Apfel, Saft einer Zitrone, 2 hart gekochte Eier, 2 EL Weinessig, $^1/_2$ EL scharfer Senf, 1 EL Öl, je 1 Prise Salz und Zucker, etwas Tabasco.

Filets in Streifen schneiden, Sellerie und Apfel würfeln, unterheben und mit dem Zitronensaft beträufeln. Die Eigelbe mit den übrigen Zutaten mischen, den Cocktail mit dieser Soße bedecken. Zum Schluss mit dem in kleine Streifen geschnittenen Eiweiß obenauf garnieren.

Schapesand
Königs-

Röllchen mit Äpfeln und Crème fraîche

4 Matjesfilets in Öl oder Lake (je ca. 60 g), 250 g Crème fraîche, Salz, Pfeffer, 1 TL gehackte Petersilie, 1 EL Schnittlauchröllchen, 2 mittelgroße Essiggurken, 80 g rote Zwiebeln, 120 g säuerliche Äpfel (Boskop), 80 g Forellen-Kaviar, Petersilie zum Garnieren.

Matjesfilets mit der Oberseite nach außen locker aufrollen und mit Holzspießen feststecken.
Crème fraîche mit Salz und Pfeffer würzen, gehackte Petersilie und Schnittlauch unterrühren.
Röllchen mit wenig Crème füllen.
Die Essiggurken klein würfeln. Zwiebeln pellen und in feine Ringe schneiden. Äpfel waschen, entkernen und in Scheiben schneiden.
Vier Teller mit den Apfelscheiben auslegen, je ein Matjesröllchen daraufsetzen, mit Kaviar und etwas Petersilie garnieren.
Übrige Crème mit Gurkenwürfeln und Zwiebeln auf den Tellern verteilen.

Grüner Salat

500 g grüner Spargel, 200 g grüne Bohnen, Salz, 3 Frühlingszwiebeln, 5 EL Apfelessig, 2 EL Öl, 1 EL gehackter Dill, 1 EL gehackte glatte Petersilie, 450 g Matjesfilets, 150 g Nordseekrabbenfleisch, Pfeffer aus der Mühle, 1 rote Zwiebel.

Spargel waschen, eventuell schälen, Bohnen putzen, beides in Stücke schneiden. Spargel etwa 3 Minuten in Salzwasser blanchieren und die Bohnen bissfest garen, abschrecken, abtropfen lassen. Die Frühlingszwiebeln putzen, in feine Scheiben schneiden.
Das Gemüse mit Essig, Öl und Kräutern mischen. Matjes in Stücke schneiden, mit dem Krabbenfleisch zum Salat geben, mischen, salzen, pfeffern, 20 Minuten durchziehen lassen.
Matjessalat auf Tellern anrichten und mit dünnen Zwiebelringen garnieren.

Sommersalat

4 Matjesfilets, 2 rote Zwiebeln, 1 säuerlicher Apfel, 1 Dose feine grüne Bohnen.
Soße: 1 EL ausgelassene und abgetropfte Speckwürfel, 1 EL Öl, 2 EL Essig, 1 EL geriebener Meerrettich, 1 EL Dill, Salz und Pfeffer.

Die Matjesfilets in Streifen, die geschälten Zwiebeln und den Apfel in Scheiben schneiden und zusammen mit den abgetropften Bohnen auf einer Platte anrichten.
Soßenzutaten verrühren und über den Salat geben.

Teufelssoße

8 Matjesfilets, $^1/_4$ l Milch, 1 Flasche Tomatenketschup, 1 große Gewürzgurke, 1 TL Senf, 1 TL Kapern, 1 EL Sojasoße, Salz, Pfeffer, Cayennepfeffer, 3 Zwiebeln, 1 Kopf Salat, Schnittlauch.

Matjesfilets je nach Sorte in Milch einlegen und etwa 30 Minuten stehen lassen. Tomatenketschup mit kleinen Gewürzgurken-Würfeln, Senf, Kapern und Sojasoße vermischen. Soße salzen, pfeffern und mit Cayennepfeffer würzen. Matjesfilets abtropfen lassen und in Streifen schneiden. Zwiebeln in Ringe schneiden. Einige Zwiebelringe zurücklassen, die restlichen Zwiebelringe mit den Matjes in die Soße geben. Kleine Glasschälchen mit gewaschenen Salatblättern auslegen und die Matjesmischung hineingeben.
Mit einigen Zwiebelringen und kleinen Schnittlauchringen garnieren.

Senfgurkenquark

1 Glas Senfgurken (215 g EW), 250 g Magerquark, 150 g saure Sahne, Salz, Pfeffer, 1 Bund Radieschen, 1 Bund Rauke, 3 rote Zwiebeln, 4 Matjes-Doppelfilets.

Die Gurken im Sieb abtropfen lassen, den Sud auffangen. Quark, saure Sahne und 4 EL vom Gurkensud verrühren, kräftig salzen und pfeffern.
Die Gurken fein würfeln, die Radieschen putzen, waschen und in dünne Scheiben schneiden. Beides unter den Quark heben. Die Rauke verlesen, waschen, trocken schütteln und in fingerbreite Streifen schneiden. Zwiebeln pellen, längs halbieren und quer in feine Halbringe schneiden.
Matjes abspülen und trocken tupfen, der Länge nach halbieren und in etwa zwei Zentimeter breite Stücke schneiden.
Einige Zwiebelringe und Matjesstücke fürs Garnieren zurücklassen, den Rest unter den Quark heben und 30 Minuten durchziehen lassen.

Die Quarkmischung auf Raukenblättern anrichten und mit Schwarzbrot servieren.

Tatar in Mini-Gurken

3 Matjesfilets, 1 Gläschen feine Kapern, 2–3 Frühlingszwiebeln, 3–4 Thymianzweige, 2 EL Whisky, Salz, 1 Prise Kardamom, 3 EL Öl, 4 Frühstücksgurken (kleine Salatgurken).

Matjesfilets waschen, trocken tupfen und sehr fein hacken. Kapern abtropfen lassen; den Sud auffangen. Frühlingszwiebeln waschen, putzen und sehr fein schneiden. Thymian waschen und die Blättchen von den Stielen streifen. Vorbereitete Zutaten miteinander mischen. Kapernsud, Whisky, Salz und Kardamom verrühren. Nach und nach das Öl unterrühren. Das Matjestatar damit marinieren.
Die Gurken waschen, mit einem Löffel aushöhlen. Tatar einfüllen und anrichten.

Dazu wird ein herzhaftes Bauernbrot gereicht.

Matjes mit Gemüse

4 Matjesfilets, $^1/_2$ Salatgurke, 3 Möhren, 1 Bund Frühlingszwiebeln, 150 g Staudensellerie, 1 Zitrone, 2 Äpfel, 200 g Crème fraîche, 200 g Schmand, 200 g Schlagsahne, Salz, weißer Pfeffer, $^1/_2$ Bund Dill, $^1/_2$ Bund Schnittlauch.

Die Filets kurz kalt abspülen. Gurke waschen, längs halbieren und die Kerne herauskratzen. Die Möhren waschen und schälen. Die Frühlingszwiebeln waschen und putzen. Alles in sehr dünne Scheiben schneiden. Das Selleriegrün beiseitelegen. Die Stangen waschen und in dünne Scheiben schneiden. Von der Zitrone die Schale fein abreiben und den Saft auspressen.
Die Äpfel waschen und vierteln, die Kerngehäuse herausschneiden. Die Apfelviertel in dünne Scheiben schneiden und sofort mit Zitronensaft beträufeln. Alles mischen.
Die Crème fraîche mit Schmand und Sahne glatt rühren, mit Salz und Pfeffer abschmecken. Den Dill abzupfen, den Schnittlauch in kleine Röllchen schneiden. Die Hälfte der Kräuter unter die Soße mischen.
Die Matjesfilets auf Tellern anrichten und die Soße dazugeben. Das Gemüse und den Rest der Kräuter darauf verteilen und mit Selleriegrün garnieren.
Dazu passen Pellkartoffeln.

Speck-Salat mit grünen Bohnen

6 Matjesfilets (je 80 g), 250 g festkochende Kartoffeln, 150 g grüne Bohnen, Salz, 100 g durchwachsener Speck, 1 EL fein geraspelte Schale von einer unbehandelten Zitrone, 2 Stiele Bohnenkraut, 4 EL Weißweinessig, 1 TL bunter Pfeffer, 8 EL Öl.

Für den Salat Matjesfilets waschen, trocken tupfen. Kartoffeln waschen. Mit Schale etwa 20 Minuten kochen. Abgießen, pellen. Grob würfeln. Bohnen putzen, waschen. In mundgerechte Stücke schneiden. In kochendem Salzwasser etwa 10 Minuten garen. Abtropfen lassen. Bohnenstücke und Kartoffelwürfel in einer Schüssel mischen. Speck in feine Würfel schneiden. In einer Pfanne knusprig auslassen, herausnehmen.
Matjesfilets schräg in gleichmäßig dicke Stücke schneiden. Matjesstücke, Speckwürfel und Zitronenschalenstreifen zu den vorbereiteten Salatzutaten geben, unterheben.
Für das Dressing Bohnenkraut waschen, trocken tupfen, fein hacken. Bohnenkraut, Essig, Salz und Pfeffer verrühren. Das Öl nach und nach unterrühren. Pikant abschmecken. Dressing über den Salat gießen und alles vorsichtig mischen. Mit Zitronenschalenstreifen garnieren.

Rotwein-Matjes

8–10 Matjesfilets (ca. 500 g), $^{1}/_{4}$ l Dornfelder Rotwein, $^{1}/_{8}$ l Weinessig, 50 g Kandiszucker, 3 Zwiebeln, 8 Gewürznelken, 3 Lorbeerblätter, Salz, 1 Zitrone, 1 Bund Dill.

Matjesfilets je nach Sorte eventuell einige Stunden wässern. Wein mit Essig, Kandiszucker, Zwiebelringen, Gewürznelken, Lorbeerblättern und Salz aufkochen. Etwas abkühlen lassen.
Die abgetropften Matjesfilets aufrollen, mit Holzstäbchen zusammenstecken und mit dem Weinsud übergießen. 24 Stunden ziehen lassen.
Vor dem Servieren mit Zitronenscheiben und Dill garnieren.

Hausfrauenart

4 Matjes-Doppelfilets, 100 g Mayonnaise, $^1/_2$ Becher saure Sahne (100 g), 1 Lorbeerblatt, 6 Pimentkörner, je 1 Prise Salz und Zucker, 1 Msp. frisch gemahlener weißer Pfeffer, je 2 Zwiebeln und Gewürzgurken, 2 säuerliche Äpfel, 1 Bund Dill, einige Blätter Salat.

Mayonnaise mit der sauren Sahne verrühren, das Lorbeerblatt und die Pimentkörner hinzufügen, mit Salz, Zucker und Pfeffer abschmecken. Die Zwiebeln schälen und in Ringe schneiden. Die Gewürzgurken klein würfeln. Die Äpfel waschen, vierteln, vom Kerngehäuse befreien und in feine Scheiben schneiden. Die Sahnemayonnaise mit den Apfelscheibchen, den Zwiebelringen und Gurkenwürfeln mischen. Dill trocken tupfen, einige Zweige zum Garnieren zurückbehalten, den restlichen Dill fein schneiden und unter die Soße rühren. Das Lorbeerblatt vor dem Anrichten entfernen.
Die Matjesfilets auf einer Platte anrichten, teilweise mit der Soße bedecken und mit den Dillzweigen, den gewaschenen Salatblättern und nach Belieben mit Zitronen- und Apfelscheiben sowie Zwiebelringen garnieren.
Die Soße gesondert dazu reichen.

Hauchdünne Scheibchen

200 ml Geflügelfond (Glas), 1 Päckchen Safran, Salz, Pfeffer, 3 Matjesfilets, 1 rote Chilischote, 1 unbehandelte Zitrone, 1 rote Zwiebel, 2 Tomaten, $^1/_2$ Bund Koriander.

Geflügelfond mit Safran aufkochen. Mit Salz und Pfeffer würzen. Abkühlen lassen.
Matjes kurz abspülen und trocken tupfen. In Alufolie wickeln und 20 Minuten in das Gefrierfach legen.
Die Chilischote waschen, der Länge nach aufschneiden, entkernen und in feine Streifen schneiden. Zitrone waschen und trocknen; von der Schale ein dünnes Stück abschneiden und in feine Streifen schneiden, den Saft auspressen. Zwiebel pellen und in feine Ringe schneiden.
Matjesfilets mit einem sehr scharfen Messer schräg in hauchdünne Scheiben schneiden. Auf Tellern anrichten und mit Chilistreifen und Zitronenschalen bestreuen. Zitronensaft in den Safranfond rühren und den Matjes damit beträufeln. Mit Zwiebelringen belegen. Mit Folie bedecken und etwa 60 Minuten marinieren.
Tomaten mit kochendem Wasser überbrühen, abschrecken, häuten, entkernen und würfeln. Koriander waschen und die Blättchen von den Stielen zupfen. Matjes-Teller mit Tomatenwürfeln und Korianderblättchen anrichten.

Glückstädter Matjes

8 Matjesfilets, $^1/_2$ l Buttermilch oder Mineralwasser, 2 kleine Äpfel, 3 TL Zitronensaft, 1 kleines Bund Lauchzwiebeln, 3 Gewürzgurken (50 g), 150 g Sahnejoghurt, 1 Becher saure Sahne, 3 EL Mayonnaise, 4 TL Preiselbeerkompott, 2–3 TL geriebener Meerrettich, Salz, Pfeffer, 1 Bund Dill.
Außerdem: 2 große Äpfel (ca. 250 g), 1 EL Zitronensaft, 1 TL Zucker, $^1/_4$ l Wasser, einige Dillzweige.

Matjesfilets unter fließendem kalten Wasser abspülen. Je nach Geschmack die Filets in Buttermilch oder kaltem Mineralwasser einlegen (ca. 60 Minuten). So werden die Filets besonders mild und zart.
Für die Füllung Äpfel schälen, vierteln und jeweils das Kerngehäuse herausschneiden. Fruchtfleisch in kleine Stücke schneiden. Mit 2 TL Zitronensaft beträufeln, durchmischen.
Die Lauchzwiebeln putzen, waschen, trocken tupfen und in dünne Ringe schneiden. Anschließend fein würfeln.
Auch die Gewürzgurken fein würfeln. Joghurt, saure Sahne, Mayonnaise, Preiselbeerkompott, restlichen Zitronensaft und Meerrettich in eine Rührschüssel geben. Apfelstücke, Gurken- und Lauchzwiebelwürfel zufügen und verrühren. Kräftig mit Salz und Pfeffer abschmecken.
Die Dillspitzen von den Zweigen zupfen und fein hacken. Zur vorbereiteten Füllung geben und nochmals abschmecken.
Die großen Äpfel waschen, das Kerngehäuse entfernen und in acht Scheiben schneiden.
Zitronensaft, Zucker und Wasser in eine mittelgroße Pfanne geben und erhitzen. Apfelscheiben darin weich dünsten (etwa 2 Minuten), herausnehmen und abkühlen lassen.
Gewässerte Matjesfilets trocken tupfen. Mit einem Zahnstocher zusammenstecken und auf die gedünsteten Apfelscheiben setzen.
Füllung hineingeben. Mit Dillspitzen garnieren und mit Preiselbeerkompott anrichten.

1 In Currysoße

6 Matjesfilets, 1 Becher Schmand (200 g), 2 EL Milch, 3 Pfirsichhälften aus der Dose, Salz, Pfeffer, 1 TL Currypulver, $^1/_2$ Bund Lauchzwiebeln, $^1/_2$ Bund Petersilie, rosa Pfeffer.

Den Matjes kalt abspülen und mit Küchenpapier trocken tupfen. Schmand mit Milch und den gewürfelten Pfirsichen verrühren. Mit Salz, Pfeffer und Curry abschmecken. Soße in eine Schale geben, Matjes darauf verteilen.
Lauchzwiebeln putzen, waschen, in feine Ringe schneiden.
Mit Lauchzwiebeln, Petersilie und rosa Pfeffer anrichten.

Curry-Bananen-Soße mit Matjes

1 Banane, 150 g Magermilchjoghurt, 2 EL Salatmayonnaise, Salz, Pfeffer, Currypulver, 4 Matjes-Doppelfilets, 2 rote Zwiebeln, Dill.

Banane schälen und mit einer Gabel zerdrücken, mit Joghurt, Mayonnaise, Salz und Pfeffer verrühren und kräftig mit Curry würzen.
Die Matjesfilets waschen, trocken tupfen und auf einer mit Salatblättern ausgelegten Platte anrichten. Zwiebeln pellen, in feine Ringe schneiden und über die Matjes geben. Die Curry-Bananen-Soße in einer kleinen Schüssel extra dazu reichen.
Mit Dillspitzen und Bananenscheiben garnieren.

Matjes mit frittierten Frühlingszwiebeln

6 Matjesfilets, 250 ml Mineralwasser, 2 Apfelsinen, 1 kleine Zwiebel, 150 g Crème fraîche, 1 TL Senf, Salz, Pfeffer aus der Mühle, einige Blätter Friséesalat, 1 Bund Frühlingszwiebeln, Öl zum Frittieren, Dill.

Matjesfilets in Mineralwasser 60 Minuten kühlstellen, Apfelsinen dick schälen und einzelne Filets herausschneiden, Zwiebel schälen und in Ringe schneiden. Crème fraîche und Senf verrühren und mit Salz und Pfeffer würzen. Matjesfilets mit Küchenkrepp trocknen und in mundgerechte Stücke schneiden. Frühlingszwiebeln waschen, putzen und in feine Streifen schneiden. Öl in einer Fritteuse erhitzen und die Frühlingszwiebeln darin kurz frittieren. Die Matjesstücke mit den Apfelsinenfilets werden auf den gewaschenen und abgetropften Friséeblättern rund um die Gewürzcrème auf Tellern angerichtet.
Mit den frittierten Frühlingszwiebelstreifen, Zwiebeln und Dill garnieren.

Kartoffelsalat

800 g Kartoffeln, 1 Zwiebel, 150 g Gewürzgurken (Glas), etwa $^{1}/_{2}$ Bund Schnittlauch, 125 g fettreduzierte Salatcreme mit 20 % Öl, 150 g Vollmilch-Joghurt, Salz, Pfeffer, 1 Bund Radieschen, 1 großer Apfel, 4 Matjesfilets, 4 Holzspieße.

Die Kartoffeln waschen, 15–20 Minuten in Salzwasser kochen. Zwiebel pellen und in feine Ringe schneiden. Gurken in dünne Scheiben hobeln. Schnittlauch waschen, in feine Röllchen schneiden.
Salatcreme, Joghurt, etwa 5 EL Gurkenwasser, Zwiebel und Schnittlauch verrühren. Mit Salz und Pfeffer würzen. Gurkenscheiben zufügen. Kartoffeln abgießen, abschrecken und pellen. Die Kartoffeln in Scheiben schneiden. Warm in die Soße geben. Etwa 30 Minuten durchziehen lassen.
Die Radieschen putzen, waschen und vierteln. Apfel vierteln, entkernen, in kleine Spalten schneiden. Beides unter den Salat heben. Matjesfilets aufrollen und feststecken. Alles zusammen anrichten.

Qualitätswein mit Prädikat

Würzige Spieße

600 g fest kochende Kartoffeln, Salz, 125 g Salat-Mayonnaise, $^1/_8$ l klare Brühe (Instant), Pfeffer, 2 Bund Schnittlauch. 2 EL Silberzwiebeln (Glas), 4 Matjesfilets, 200 g Salatgurke, etwas Zitronensaft, 1 Apfel, 2 EL Weißwein-Essig, je 1 Prise Salz und Zucker, Pfeffer, 3 EL Öl, je $^1/_2$ gelbe und rote Paprikaschote.

Kartoffeln waschen, in Salzwasser etwa 20 Minuten kochen. Abgießen, pellen und in Scheiben schneiden. Mayonnaise mit Brühe, etwas Salz und Pfeffer verrühren. Mit den Kartoffelscheiben mischen, abkühlen lassen. Gewaschenen Schnittlauch in feine Röllchen schneiden, unter den Salat mischen.
Zwiebeln abtropfen lassen. Matjes abspülen, gründlich trocken tupfen. Gurke waschen, schälen. Apfel waschen, vierteln, entkernen, mit Zitronensaft beträufeln. Matjes, Gurke und Äpfel in mundgerechte Stücke schneiden. Mit den Zwiebeln auf Schaschlik-Spieße stecken. Essig, etwas Salz, Pfeffer, Zucker und das Öl verrühren. Paprika putzen, waschen, sehr fein würfeln. Mit der Marinade mischen, über die Spieße geben.
Mit dem Kartoffelsalat anrichten.

Grüne Bohnen und Matjes

8 Matjesfilets, 1 große Zwiebel, 1000 g grüne Bohnen, Salz, Bohnenkraut, 200 g durchwachsener Speck.

Matjesfilets je nach Wunsch wässern. Zwiebel pellen, in Scheiben schneiden und die Ringe auf den Matjesfilets verteilen. Kühl stellen.
Die Bohnen putzen. Reichlich Salzwasser kochen, die Bohnen darin einmal aufwallen lassen, herausheben und kalt abspülen. Mit neuem Wasser zum Kochen bringen. Salz und Bohnenkraut dazugeben. Bei mittlerer Hitze 15–20 Minuten garen. Abgießen.
In der Zwischenzeit den Speck fein würfeln und in einer Pfanne ausbraten. Kurz vor dem Servieren über die abgetropften Bohnen gießen.

Junge Pellkartoffeln werden zu den Matjes und grünen Bohnen serviert.

Rouladen mit Käsekartoffeln

750 g Kartoffeln, 75 g geriebener Parmesan-Käse, 1 TL Kümmel, 3–4 EL Öl, 500 g Spargel, Salz, 100 g Bärlauch, 250 g Schmand, Pfeffer, 1 Prise Zucker, 1 Prise Anis, 8 Matjesfilets.

Die Kartoffeln unter fließendem Wasser gründlich abbürsten und der Länge nach halbieren. Käse und Kümmel mischen. Backblech einölen. Kartoffeln mit der Schnittfläche nach oben daraufgeben und mit der Käse-Kümmel-Mischung bestreuen. Im vorgeheizten Backofen bei ca. 200 °C etwa 35 Minuten backen.
Das untere Ende des Spargels schälen. Die Stangen durchschneiden und dann in kochendem Salzwasser 15 Minuten garen. Abtropfen und abkühlen lassen.
Bärlauch waschen; einige Blätter beiseitelegen, den Rest hacken und unter den Schmand rühren. Mit Salz, Pfeffer, Zucker und Anis würzen.
Matjesfilets waschen, trocken tupfen und die Innenseite mit etwas Schmand bestreichen. Spargel darauf verteilen, die Filets aufrollen und feststecken.
Matjesrouladen auf den restlichen Blättern anrichten. Übrigen Schmand und die Käsekartoffeln dazu servieren.

Gefüllte Kartoffeln

8 große mehlige Kartoffeln (etwa 1000 g), 2 Becher Joghurt, $^{1}/_{8}$ l saure Sahne, je 1 Bund Dill, Petersilie, Pimpinelle, Salz, Pfeffer, Cayennepfeffer, 6 gewässerte Matjesfilets, 2 rote Paprikaschoten, 1 Bund Schnittlauch.

Kartoffeln waschen, einzeln in Alufolie einwickeln und im vorgeheizten Backofen ca. 60 Minuten bei 225 °C backen lassen. In der Zwischenzeit Joghurt und Sahne verrühren. Dill, Petersilie und Pimpinelle waschen, hacken und unter die Joghurt-Sahne rühren. Mit Salz, Pfeffer und Cayennepfeffer würzen.

Matjesfilets in mundgerechte Stücke schneiden. Paprikaschote putzen, waschen und in Streifen schneiden. Matjes und Paprika mit Schnittlauchröllchen mischen.

Die gebackenen Kartoffeln auswickeln, obenauf kreuzweise einschneiden und etwas auseinanderdrücken. Matjes hineinfüllen.

Dazu die Soße servieren.

Schlemmertöpfchen

8 Matjesfilets, 50 g Zucker, $^1/_2$ Tasse Essig, 2 Zwiebeln, 2 Gewürzgurken, 2 Äpfel, 1 Becher saure Sahne, 2 Becher Joghurt, Salz, Pfeffer.

Matjesfilets je nach Sorte 30 Minuten wässern. Aus Zucker und Essig eine Marinade kochen und abkühlen lassen. Zwiebelringe, Gewürzgurkenscheiben und ungeschälte Apfelspalten daruntermischen. Sahne, Joghurt, Salz, Pfeffer und Essig-Zucker-Sud gut verrühren.
Die abgetropften, in mundgerechte Stücke geschnittenen Matjesfilets hineinlegen.
Das Schlemmertöpfchen bis zum Verzehr zwei Tage an einem kühlen Platz durchziehen lassen.

Dazu werden Pellkartoffeln gereicht.

Mit feinen Soßen

8 Matjesfilets, 1 kleine Zwiebel, 2 kleine Äpfel, etwas Zitronensaft, etwas Dill, einige Salatblätter.
Soßen: 125 g Sahnequark (40 %), 1/2 Becher Magerjoghurt, Salz, Pfeffer, 1 kleine Zwiebel, 1/2 Bund Schnittlauch, 125 g Schlagsahne, 2–3 TL Preiselbeeren (Glas), 1 TL geriebener Meerrettich (Glas), 1 Prise Zucker.

Die Matjesfilets kurz abspülen und in mundgerechte Stücke schneiden. Zwiebel pellen und in Ringe schneiden. Äpfel waschen, vierteln, das Kerngehäuse entfernen und in Spalten schneiden. Mit Zitronensaft beträufeln, damit sie nicht braun werden. Auf mit Salatblättern ausgelegten Tellern die Matjes portionsweise auf den Apfelscheiben anrichten und mit Zwiebelringen und Dill verzieren.
Für die Quarksoße den Quark mit dem Joghurt glatt rühren und mit Salz und Pfeffer abschmecken. Zwiebel pellen und fein hacken. Schnittlauch waschen und in feine Röllchen schneiden. Beides zu der Soße geben.
Für die Preiselbeer- und Meerrettichsoße die Sahne steif schlagen und die Menge halbieren. Unter die eine Hälfte 2 TL Preiselbeeren und unter den Rest den Meerrettich mischen. Meerrettichsahne mit etwas Zucker abschmecken. Die Soßen auf den Salatblättern anrichten und die Preiselbeersahne mit den restlichen Preiselbeeren verzieren.

Dazu Pellkartoffeln servieren.

Seemanns-Schmaus

1 Bund Petersilie, 4 Kartoffeln, 2 Scheiben gekochter Schinken, 2 Eier, Salz, Pfeffer, $^1/_4$ TL Curry, 2 EL Öl, 1 Zwiebel, 1 Apfel, 8 Zwiebel-Matjes, 4 EL Preiselbeeren.

Petersilie waschen, eine Hälfte zum Garnieren beiseitelegen, den Rest hacken. Kartoffeln schälen und grob raspeln. Den Schinken würfeln, mit den Eiern, Petersilie, Gewürzen und Kartoffelraspeln vermischen. Das Öl in einer Pfanne erhitzen und darin aus der Kartoffelmasse etwa 8 Röstis backen.
Zwiebel in Ringe schneiden. Apfel waschen, das Kerngehäuse entfernen, Apfel in Ringe schneiden.
Röstis mit Matjesfilets, Zwiebelringen, Apfelscheibe, 1 EL Preiselbeeren und Petersilie anrichten.

Erbsen-Matjes-Salat

1000 g frische Erbsen, Salz, 3 EL Kräuteressig, Pfeffer, 4 EL Öl, 4 Frühlingszwiebeln, 4 Matjesfilets, 1/2 Bund Dill.

Die Erbsen aus den Schoten lösen und in kochendem Salzwasser 8 Minuten garen. Auf einem Sieb abtropfen und abkühlen lassen.
Essig mit Salz und Pfeffer verrühren, nach und nach das Öl unterrühren. Frühlingszwiebeln waschen, putzen und schräg in kleine Stücke schneiden.
Die Matjesfilets in Streifen schneiden und mit den übrigen Zutaten mischen. Den Dill waschen, fein hacken und unter den Salat heben.
Dazu passen: halbierte Pellkartoffeln mit einem Klecks Schmand.

Apfel-Meerrettich mit Bratkartoffeln

750 g Pellkartoffeln, 2 Zwiebeln, 50 g Butterschmalz, 8 Matjesfilets, 1 rotschaliger Apfel, 300 g Crème double, 2–3 EL frisch geriebener Meerrettich, Salz, Pfeffer, 1 TL Honig, kleine Gewürzgurken, Petersilie.

Die gekochten Kartoffeln pellen und in Scheiben schneiden. Zwiebeln pellen und würfeln. Butterschmalz erhitzen und die Kartoffeln unter mehrmaligem Wenden knusprig goldgelb braten. Zwiebeln in den letzten 5 Minuten zufügen.

Matjesfilets waschen und trocken tupfen. Den Apfel waschen, vierteln, Kerngehäuse entfernen und die Viertel in feine Spalten schneiden. Crème double mit Äpfeln und Meerrettich verrühren und das Ganze mit Salz, Pfeffer und Honig würzen.

Matjesfilets zu Röllchen formen und mit Apfel-Meerrettich anrichten.

Bratkartoffeln mit Salz und Pfeffer würzen und mit kleinen Gewürzgurken und Petersilie servieren.

Kräutervinaigrette

800 g kleine neue Kartoffeln, Salz, 100 ml kalte Gemüsebrühe, 6 EL Apfelessig, 1 EL flüssiger Honig, Pfeffer, 4 EL Sonnenblumenöl, 3 rote Zwiebeln, 1 Bund Kräuter für Frankfurter grüne Soße, 8 Matjesfilets.

Kartoffeln gründlich waschen und abbürsten. Ungeschält mit Salzwasser bedecken, zugedeckt aufkochen und 15–20 Minuten kochen lassen.
Die Gemüsebrühe mit dem Essig und Honig verrühren, pfeffern und nur leicht salzen. Das Öl mit einem Schneebesen unterschlagen. Zwiebeln in feine Ringe hobeln. Kräuter waschen, trocknen und fein hacken. Beides dann unter die Vinaigrette mischen. Matjes eventuell abspülen und trocken tupfen. Die Filets ebenfalls in die Vinaigrette geben.
Kartoffeln abgießen, kurz ausdämpfen und zu den Matjes in der Kräutervinaigrette servieren.

Tipp: Die Matjesfilets können auch mit gebuttertem und mit Schnittlauchröllchen bestreutem Schwarzbrot serviert werden.

Matjes-Lachs-Tatar auf Vollkornbrot

2 Matjesheringe, 100 g Räucherlachs, 1 Gewürzgurke, 1 säuerlicher Apfel, 4 Frühlingszwiebeln, 1 kleiner Bund Schnittlauch, 1 EL Weizenkeimöl, Pfeffer, 4 Scheiben Vollkornbrot, Butter zum Braten, Gartenkresse für die Garnitur.

Die Matjesheringe filetieren und ebenso wie den Räucherlachs, Gewürzgurke und den geschälten und entkernten Apfel in kleine Würfel schneiden. Zwiebeln fein schneiden, den Schnittlauch in kleine Röllchen schneiden. Alle Zutaten mit dem Öl vermischen und mit frisch gemahlenem Pfeffer abschmecken.
Die Brotscheiben in einer Pfanne in heißer Butter von beiden Seiten knusprig braten.
Mit Kresse garniert servieren.

Sülze

300 ml Fischfond (Glas), 4 Matjesfilets, 1 unbehandelte Zitrone, 40 g frischer Meerrettich, etwa 125 g rote säuerliche Äpfel, 1 Zwiebel, 1 Bund Dill, weißer Pfeffer, 4–5 Blatt weiße Gelatine, 150 g Sahnejoghurt, Salz.

Fischfond auf die Hälfte reduzieren. Matjesfilets kalt abspülen, trocken tupfen und sehr fein würfeln. Schale der Zitrone fein abreiben, 1–2 EL Saft auspressen. Meerrettich schälen und fein reiben. Äpfel vierteln, entkernen, fein würfeln und in Zitronensaft wenden. Zwiebel fein würfeln. Dill (etwas zum Garnieren zurücklassen) abzupfen und hacken. Die Hälfte vom Dill mit Fischwürfeln, Zitronenschale und Meerrettich mischen und mit Pfeffer aus der Mühle würzen. Die andere Hälfte mit Apfel- und Zwiebelwürfeln mischen.

Gelatine in kaltem Wasser einweichen. Joghurt und Fischfond glatt rühren, mit Salz und Pfeffer würzen. Gelatine tropfnass bei milder Hitze auflösen, mit dem Joghurt und dem restlichen Zitronensaft verrühren. Dann 15–20 Minuten kalt stellen.

Eine Form kalt ausspülen. Einen Spiegel hineingießen, 10–15 Minuten kalt stellen. Dann die Dillstiele hineinlegen und alle Zutaten in dünnen Lagen in die Form schichten. Mit Aspik bedecken. Über Nacht abgedeckt kalt stellen.

Zum Stürzen die Form kurz in warmes Wasser tauchen. Die Sülze mit einem Messer vom Rand lösen und vorsichtig auf einen Teller gleiten lassen. Mit einem scharfen Messer in Tortenstücke schneiden.

Mit Dillspitzen garnieren. Dazu passen goldgelbe Bratkartoffeln.

Dr. Reinhard Muth

Filets auf feinem Krautsalat

6 Matjesfilets (je 80 g), 1 Wirsingkohl (etwa 750 g), Salz, 2 TL Kümmelsamen, je 4 EL Weißwein-Essig und Zitronensaft, 2 EL Meerrettich (Glas), 1 TL Zucker, 2 EL Öl, 2 Kästchen Kresse.

Matjesfilets waschen, trocken tupfen. Für den Salat den Kohl putzen und in Viertel schneiden. Strunk jeweils herausschneiden. Kohl in sehr feine Streifen schneiden. Kurz waschen und trocken tupfen.
In einem Topf 3 Liter Wasser mit Salz und Kümmel aufkochen. Kohlstreifen darin etwa 5 Minuten garen. Abgießen, kalt abschrecken und gut abtropfen lassen.
Für das Dressing Essig, Zitronensaft, Meerrettich und Zucker verrühren. Öl nach und nach unterschlagen. Dressing pikant abschmecken. Kohlstreifen und Dressing in eine Schüssel geben. Alles vorsichtig miteinander mischen und etwa 15 Minuten durchziehen lassen.
Matjesfilets jeweils längs halbieren. Matjesstreifen mit dem Salat zusammen anrichten. Kresse schneiden und waschen. Den Salatteller mit kleinen Kresse-Sträußchen garniert servieren.
Dazu passen Pellkartoffeln.

Heringspfeffer

3 Matjesfilets, 2 Bismarckheringe, 250 g Brechbohnen, $^{1}/_{4}$ l Brühe (Instant oder aus dem Glas), 1 mittelgroße Zwiebel, $1^{1}/_{2}$ TL schwarze Pfefferkörner, Salz, 100 ml Öl, 1 Bund Radieschen, $^{1}/_{2}$ Bund Bohnenkraut, 1 Bund Petersilie.

Matjes und Heringe 30 Minuten wässern, in mundgerechte breite Streifen schneiden. Bohnen putzen, schräg in Stücke schneiden und in der Brühe 6–8 Minuten garen. Bohnen abtropfen lassen, $^{1}/_{8}$ l Brühe aufbewahren. Zwiebel hacken, Pfefferkörner grob zerstoßen. Brühe, wenig Salz, Pfeffer und die Zwiebel mit dem Öl verquirlen.

Die noch lauwarmen Bohnen und den Fisch in der Soße wenden. Bohnenkraut und Petersilie fein hacken. Radieschen in Scheiben schneiden und mit den Kräutern unter den Salat ziehen.

Mit Remoulade und kräftigem Brot oder zu Pellkartoffeln servieren.

Kürbis-Curry

4 doppelte Matjesfilets, 1 kleine Zwiebel, 1 Glas eingelegter Kürbis (200 g Abtropfgewicht), 1 kleines Stück Banane (etwa 100 g), 1 TL milder Curry, $^1/_2$ getrocknete Chilischote, $^1/_2$ Becher Crème fraîche (75 g), Salz, etwas glatte Petersilie und Schnittlauch.

Matjes eventuell 10 Minuten wässern, um sie milder zu machen. Für die Soße Zwiebel abziehen und fein würfeln. Abgetropften Kürbis und geschälte Banane im Mixer pürieren oder mit einer Gabel zerdrücken. Curry, zerkrümelte Chilischote, Zwiebelwürfel und Crème fraîche unterrühren. Die Soße mit Salz abschmecken. Matjesfilets abtupfen und auf Tellern anrichten und mit Petersilie garnieren. Soße zu den Filets servieren.
Dazu passen Pellkartoffeln mit etwas Schnittlauch.

Matjes mit dicken Bohnen

1500 g frische dicke Bohnen mit Schoten, Salz, 1 Bund Möhren (500 g), 125 g durchwachsener Räucherspeck, 1 gewürfelte Zwiebel, 1 Bund Bohnenkraut oder 1 TL getrocknetes Bohnenkraut, Salz, Pfeffer, 8 Matjesfilets (je 80 g).

Bohnen aus den Schoten lösen. Die Bohnenkerne in kochendem Salzwasser blanchieren und sofort in kaltem Wasser abschrecken. Auf einem Sieb abtropfen lassen, dann die Bohnenkerne aus den festen Häutchen drücken.
Möhren schälen, waschen und in Scheiben schneiden. Speck fein würfeln und in einer Pfanne langsam ausbraten. Durch ein Sieb gießen und dabei das ausgelassene Fett auffangen.
Zwiebelwürfel in 3 EL erhitztem Speckfett glasig dünsten. Bohnenkerne, 3 EL Wasser und gewaschenes Bohnenkraut dazugeben und 10 Minuten garen. Möhrenscheiben zugeben, noch weitere 10 Minuten garen. Mit Salz und Pfeffer würzen. Speck zum Gemüse geben und miterhitzen.
Jeweils 2 Matjesfilets als Rollen aufstellen. Mit dem Gemüse servieren.
Dazu passen in Butter geschwenkte Pellkartoffeln mit frischem Thymian besonders gut.

INHALT

Tipp: Statt einfachen Speiseöls lässt sich für die Matjesrezepte auch Dillöl gut verwenden.

Zutaten für 1 l

1 Bund Dill, 1 Lorbeerblatt, 2 TL rote Pfefferkörner, 1 l Rapsöl. Dill waschen und vorsichtig mit Küchenkrepp trocken tupfen. Zusammen mit dem Lorbeerblatt und den roten Pfefferkörnern in eine Flasche geben und mit kalt gepresstem Rapsöl auffüllen. Drei Wochen an einem dunklen Ort ziehen lassen.

Die Rezepte sind für vier Personen berechnet. Alle Rezepte und Tipps sind mit Sorgfalt ausgewählt und geprüft.
Eine Haftung des Verlages und seiner Beauftragten für alle erdenklichen Schäden an Personen, Sach- und Vermögensgegenständen ist ausgeschlossen.

Bibliografische Information der Deutschen Nationalbibliothek

Die Deutsche Nationalbibliothek verzeichnet diese Publikation in der Deutschen Nationalbibliografie; detaillierte bibliografische Daten sind im Internet über http://dnb.dnb.de abrufbar.

Kochstudio: ppfotodesign Frauke Pump

5. Auflage 2021

Gesamtherstellung: Husum Druck- und Verlagsgesellschaft
Postfach 1480, D-25804 Husum – www.verlagsgruppe.de

ISBN 978-3-89876-203-8